D1926485

# Geheimnisvolles China

Man kommt durch viele Ortschaften,
Gewerbe- und Handelsstädte,
man freut sich an den schönen Gärten
und saftigen Wiesen.
Die Gegend ist voller Maulbeerbäume,
das sind Bäume, von deren Blättern
die Seidenraupen leben.

Marco Polo

Kay Maeritz

# Geheimnisvolles CHINA

Bruckmann

N
400 km
RUSSLAND
KASACHSTAN
MONGOLISCHE VOLKSREPUBLIK
KIRGISISTAN
TADSCHIKISTAN
PAKISTAN
NORDKOREA
SÜDKOREA
NEPAL
BHUTAN
INDIEN
BANGLADESH
BURMA
VIETNAM
LAOS
TAIWAN
Heilong Jiang
Yichuo
HEILONGJIANG
Qiqihar
Habin
Mudanjiang
Changchun
JILIN
INNERE MONGOLEI
Erlian
Shenyang
LIAONING
Yining
Ürümqi
Tianshan Massiv
Himmelssee
Turfan
Bezeklik
Hami
Aksu
Himmlische Berge
Kashgar
Tarimbecken
Karakul See
XINJIANG
Tashkurgan
Wüste Taklamakan
Yumen
Dunhuang
Jiayuguan
Wüste Gobi
Baotou
Hohhot
Badeling
Huang He
Datong
Peking
Yinchuan
Große Mauer
HEBEI
Shijiazhuang
Kunlun Gebirge
QINGHAI
Xining
NINGXIA
Taiyuan
Taerse
Lanzhou
Xanan
SHANXI
Gelber Fluss
Zibo
Tsingtao
SHANDONG
Tai Shan
Tongchuan
Labrang
Baoji
Xi'an
Song Shan
Zhengzhou
Lianyungang
Kaiserkanal
Bayankala-Gebirge
GANSU
Wei
TIBET
Xiaguan
SHAANXI
HENAN
ANHUI
Huainan
JIANGSU
Nanjing
Qamdo
Hefei
Shanghai
HUBEI
Yichang
Wuhan
Tai See
Meer
Shigatse
Lhasa
SICHUAN
Nanchong
Jangtsekiang
Anqing
Hangzhou
Gyangze
Yalong Zangbo
Chengdu
Dazu
Datong
Jiujiang
Jingdethen
ZHEJIANG
Emei Shan
Yibin
Chongqing
Ostchinesisches
Changsha
Nanchang
Wenzhou
Zunyi
Hengshan
Mekong
Guiyang
HUNAN
JIANGXI
Nanping
Fuzhou
FUJIAN
Dali
Kunming
GUIZHOU
Duyun
Guilin
Yangshuo
Quanzhou
Zhangshou
Shaoguan
YUNNAN
Shilin
GUANGXI
Liuzhou
GUANDONG
Shantou
Nanning
Kanton
Jinghong
Jiangmen
Hongkong
Macao
Beihai

# Inhalt

# Eindrücke und Begegnungen

DIESE BEIDEN CHINESISCHEN SCHRIFTZEICHEN – »ZHONG« (OBEN) UND »GHOA« (UNTEN) – STEHEN FÜR »MITTE« UND »REICH«: DAS »REICH DER MITTE« ODER DIE »MITTELBLUME DER WELT« (JOHANN GOTTFRIED HERDER).

»Eine Reise von tausend Meilen beginnt mit dem ersten Schritt.« LAOTSE

Mehr als 1200 Millionen Menschen leben derzeit in den Grenzen Chinas – das ist etwa ein Fünftel der Erdbevölkerung auf einer Fläche von circa 9,5 Millionen Quadratkilometern. Trotz seiner enormen Größe und der Riesenbevölkerung ist China aber in weiten Teilen überraschend dünn besiedelt. Zum Vergleich: In China leben zwar rund fünfzehnmal so viele Einwohner wie in Deutschland, dafür steht ihnen aber in etwa dreißigmal soviel Platz zur Verfügung. Die Westhälfte besteht zum überwiegenden Teil aus Hochgebirge und Wüste, auch im Osten sind große Teile des Landes gebirgig und nicht landwirtschaftlich zu nutzen. So leben rund 90 Prozent der chinesischen Bevölkerung auf gerade einmal 20 Prozent der Fläche des Landes.

Die einzelnen chinesischen Provinzen und Stadtstaaten unterscheiden sich ganz extrem voneinander. Und da viele der landschaftlich besonders reizvollen Gegenden von nationalen Minderheiten besiedelt werden, hat man auf seiner Reise durch China immer wieder das Gefühl, in ein anderes Land zu wechseln – auch wenn keine Grenze den Wechsel markiert.

Reisen in China ist heute kaum noch ein Problem – wenn man sich genügend Zeit dafür nimmt und die vielen öffentlichen Verkehrsmittel nützt: Mit Bussen und Zügen erreicht man die meisten Ziele, allerdings sollte man unbedingt darauf achten, einen Reiseführer mitzunehmen, in dem alles Wichtige wie Ortsnamen, Speisekarte etc. auch in chinesischen Zeichen steht. Zwar lernen heute viele Chinesen Englisch, aber es fehlt an Lehrern, die die richtige Aussprache vermitteln könnten. Umgekehrt stellt auch das Chinesische den lernwilligen Reisenden vor erhebliche Probleme. Erschwerend hinzu kommen die vielen unterschiedlichen Dialekte. So passiert es dem Reisenden häufig, daß ein Satz, der in dem einen Ort verstanden wurde, im nächsten auf tiefstes Unverständnis stößt.

Schwer zu durchschauen ist auch das chinesische Preissystem, obwohl es grundsätzlich nach einem ganz einfachen Prinzip funktioniert: Ausländer bezahlen mehr – in der Regel etwa das Doppelte bis das Vierfache, in Ausnahmefällen sogar bis zum Fünfzigfachen. Eintritt wird übrigens manchmal an den verblüffendsten Stellen verlangt: Beliebt ist es beispielsweise, quer über den Weg zu einer Sehenswürdigkeit kleine Museen oder Vergnügungsparks zu errichten, die man nur mit einer gültigen (und für Ausländer entsprechend teureren) Karte durchqueren kann – egal, ob man diese oftmals eher zweifelhaften Attraktionen nun besuchen will oder nicht.

## Reisen und Fotografieren

Für den Fotografen ist China Traum und Alptraum zugleich: traumhaft schöne Landschaften bei alptraumhaft schlechten Lichtverhältnissen.

Zwei Monate Aufenthalt ohne ein einziges Mal schönes Licht am Morgen oder am Abend gehabt zu haben: Man muß nur einen Sommer in China verbringen, um festzustellen, daß wir in Deutschland vielleicht doch nicht das schlechteste Wetter der Welt haben. Regen und feuchte Hitze im Süden, Staub und Hitze im Norden sowie noch mehr Staub und Hitze im Nordwesten lassen kaum eine Ausweichmöglichkeit zu. Es empfiehlt sich also, den Sommer zu meiden.

Das Winterhalbjahr bietet zwar auch keine makellosen Lichtverhältnisse, dafür aber in den meisten Teilen Chinas wesentlich bessere Bedingungen – selbst wenn man auch in diesem Zeitraum eine regenfreie Zone am Ostabhang des tibetischen Plateaus genauso vergebens sucht wie in Sichuan. Vom Gongga Shan, einem etwa 7500 Meter hohen Berg im Osten Sichuans, heißt es, sein Anblick könne zehn Jahre Meditation ersparen. Dem Fotografen sagt das, daß er lieber nicht allzu lange auf gutes Wetter warten sollte . . .

Häufige Fotografierverbote erschweren zusätzlich die Arbeit des Fotografen in China, und mit der durchaus tröstend gemeinten Auskunft an den Kassenhäuschen, man könne statt selbst zu fotografieren doch die entsprechenden Postkarten kaufen, werden sich die wenigsten zufrieden geben. Schwierig ist es zudem, Menschen zu porträtieren: Wie überall auf der Welt sollte man vorher die Erlaubnis einholen – anders als in anderen Ländern wird diese in China jedoch häufig verweigert. Das liegt schlicht daran, daß sich die meisten Chinesinnen und Chinesen nur in ihrem besten Anzug ablichten lassen wollen – und wer trägt diesen schon im gewöhnlichen Alltag?

»Garten des Goldenen Wassers« hieß der im Jahr 1153 bei Peking angelegte Sommerpalast ursprünglich – mit 290 Hektar der größte Park Chinas

Allerdings ist der Kontakt in jenen Regionen des Landes, die vornehmlich von Minoritäten bevölkert werden, wesentlich einfacher herzustellen: Hier genügt oft schon ein kurzer Austausch von Blicken, um die notwendige Kommunikation zwischen Fotograf und Porträtiertem herzustellen – häufig freuen sich die Menschen sogar darüber, daß sie fotografiert werden.

Wegen der schlechten Lichtverhältnisse sollte man genügend Filme in unterschiedlichen Empfindlichkeitsstufen und idealerweise immer zwei entsprechend ausgerüstete Kameras dabei haben. Ich verwende in der Regel drei Nikongehäuse und fünf bis sechs Wechselobjektive zwischen 18 und 200 mm. Die Festbrennweiten erlauben es auch bei schlechten Wetterverhältnissen, aus der freien Hand zu fotografieren, und sie sind den Zoomobjektiven in der Abbildungsqualität meistens überlegen. Das gilt ebenso für Kompaktkameras: Die beliebten kompakten Zoomkameras bieten oftmals nur eine miserable Lichtstärke mit einer schlechten Optik und zwingen den Benutzer dazu, einen höher empfindlichen Film zu verwenden, als eigentlich nötig wäre. Das enttäuschende Ergebnis sind dann häufig farbschwache, wenig brillante Bilder. Zumindest im Porträtbereich lassen sich allerdings auch damit vielfach gute Ergebnisse erzielen.

Wer nicht mit dem eigenen Auto unterwegs ist und seine Ausrüstung ständig durch die Gegend schleppt, muß natürlich auch auf das Gewicht achten: Da kommen schnell zwanzig Kilo zusammen, noch ehe die Zahnbürste eingepackt ist. Blitzausrüstung und Stativ sind für den ambitionierten Fotografen ein Muß, wenn auch ein lästiges. Die schweren, umständlich zu handhabenden Stative erweisen sich als ziemlich hinderlich, wenn es um das schnelle Erfassen von Situationen etwa im Gewühl der Märkte geht. Mir liegt in diesem Zusammenhang ein Satz von Ernst Haas am Herzen, der lautet: Lieber ein nicht hundertprozentig scharfes Bild als ein schlechtes.

## (K)eine unendliche Geschichte

Lange habe ich darauf gewartet, nach China zu reisen. Immer wieder ist etwas dazwischen gekommen, doch jetzt rausche ich endlich mit meinem alten Freund Ludo in einem Bus den Khunjerab-Paß nach China hinab. Hinter uns liegt die unglaublich schöne Landschaft des Karakorums – wild, zerklüftet, fast etwas unnahbar mit seinen endlos erscheinenden Gletschern und schroffen Zinnen. Doch schon der Blick vom Paß, der die Grenze zwischen Pakistan und China markiert, zeigt ein ganz anderes Bild. Vor uns liegt der Pamir mit seinen weiten offenen Tälern und Weidegründen. Links und rechts der Straße scheucht der Bus riesige Murmeltiere in die Löcher, auf der Straße galoppieren Kamele in wilder Flucht vor uns her.

Pirali ist das erste Örtchen auf chinesischer Seite. Soldaten winken den Bus mit Flaggen ein, als wäre unser Kleinbus ein Jumbojet, der auf einem überfüllten Großflughafen einparken möchte. Dabei versuchen sie straff militärisch auszusehen, was den kindlich wirkenden, blutjungen Uniformierten jedoch völlig mißlingt. Eine kurze Kontrolle der Ausreisepapiere, dann geht die Fahrt weiter hinunter: Auf einer langen Geraden läßt der pakistanische Fahrer den Bus laufen, die Tachonadel zittert am Anschlag; vorbei geht die Fahrt an Weiden, auf denen Jurten und Yakherden stehen, an einsamen Lehmhäusern und kleinen Dörfern. Dahinter erheben sich gerundete Bergbuckel, öde und kahl, aber in unglaublichen Farbschattierungen; darüber lugen fast surreal erscheinende eisbedeckte Gipfel hervor, und ganz in der Ferne erkennen wir die runde Silhouette des Mustagh-ata. Ich kann gar nicht genug bekommen von dieser beeindruckenden Landschaft – fast *fliegen* wir nach China hinein.

In Tashkurgan wird unser »Flug« abgebremst. Eine neue Zollstation vor der Stadt empfängt uns: Rasch und unproblematisch durchqueren wir den Zoll. Visakontrolle, ein Stempel – nun sind wir auch offiziell in China . . .

Tashkurgan, ein Bergnest in einem der entlegensten Winkel Chinas, überrascht durch seine bunten Hauswände und die entspannte, fast schon orientalisch anmutende Atmosphäre. Zwar ist viel Militär und Polizei zu sehen – neben der pakistanischen sind auch die afghanische und die tadschikische Grenze kaum einen Steinwurf weit entfernt –, doch die grün Uniformierten mit ihren hohen Schirmmützen auf dem Kopf scheint vor allem die Sorge um ihre Freizeitgestaltung umzutreiben: Überall auf der Straße stehen Billardtische, an denen sie gegen Zivilisten in lässigem Al-Capone-Stil ein Spielchen riskieren. Gelegentlich mischt sich sogar eine bunt geleidete Frau unter die Billardspieler, was nach zwei Wochen in Pakistan ganz besonders ins Auge sticht. Weitere Gegensätze zu den pakistanischen Verhältnissen sind die Restaurants, in denen Bier angeboten wird, und die Schnapsläden, deren Angebot wohl auch verstärkt auf pakistanische Kundschaft zielt.

Weiterreise zum Karakul See. Es ist mir gelungen, meine ersten Fahrkarten in China zu erwerben: gleich vier Stück – zwei bis zum See und zwei vom See nach Kashgar – mußte ich für uns lösen. Die Einheimischen, zumeist Kirgisen, werden am Schalter aufgefordert, ihren Ausweis zu zeigen; wir dagegen nicht. Das Gepäck türmt sich auf dem Dach des Busses zu einem kleinen Berg, die Reisenden mit ihren Schiebermützen und Jackets werden auf die Plätze verteilt. Dann rollt der Bus an, und wir warten darauf, daß er an Fahrt gewinnt: Mühsam schleicht er über die Straße und kommt an jeder leichten Anhöhe fast zum Stillstand, was aber angesichts der großartigen Landschaft nicht weiter tragisch ist: Bunte Sandberge zieren die knapp 4000 Meter hoch gelegene Ebene um Tashkurgan, darüber stechen die Spitzen der Eisriesen in den Himmel.

Wir fahren über einen kleinen Paß, dessen Sattel den Blick auf den Karakul See freigibt. Was für ein atemberaubend schöner Anblick: Inmitten grüner Wiesen, auf denen Yaks, Pferde und Ziegen stehen, liegt die dunkle Fläche des Sees; darüber erkennen wir den rund 7500 Meter hohen Mustagh-ata – den Vater der Eisberge, wie ihn die Kirgisen nennen – und dahinter den noch höheren

Kongur inmitten von Gletschern. Schon Marco Polo staunte über diese faszinierende Landschaft, schilderte die Weiden als die saftigsten der Welt und meinte, selbst das dürrste Vieh könnte sich hier in zehn Tagen nach Herzenslust fettfressen. Sechs Jahrhunderte lang hielt man seine Erzählungen für die Ausgeburt einer blühenden Phantasie, bis ein britischer Marineoffizier Mitte des 19. Jahrhunderts seine Beschreibung des Pamir und einer Schafsrasse mit besonders ausladenden und geschwungenen Hörnen –»ovis poli«, das sogenannte Marco Polo Schaf – bestätigte.

Malerisch am Ufer des Karakul Sees liegt ein spartanisches Hotel. Dort übernachten wir in Zelten, die offen sind – wohl um den Rauch des nicht vorhandenen Feuers abziehen zu lassen. Durch diese Öffnung beobachten wir die Sterne der Nacht – oder den Schnee, der selbst jetzt im Juni auf unsere Schlafsäcke fällt.

Trotz der traumhaft schönen Umgebung beschließen wir nach drei Tagen, weiterzufahren. Gegen elf Uhr komme der Bus nach Kashgar, heißt es, also stellen wir uns gegen zehn an den Karakorum Highway und beobachten den Verkehr, der im wesentlichen aus weißen Wolken besteht, die langsam über den tiefblauen Himmel gleiten. Ein zotteliges Kamel und ein Fahrradfahrer ziehen noch an uns vorbei, dann nähert sich kurz vor zwölf endlich der Bus: Mühsam brummt er um die Kurve, wir winken dem Fahrer zu, der winkt uns zu – und fährt weiter . . .

Neuer Tag, neuer Versuch: Bis um zwölf Uhr rührt sich nichts. Es ist Sonntag, und schließlich erklärt man uns: »Heute leider kein Bus!« Also starten wir am nächsten Morgen den nächsten Versuch: der Beginn einer unendlichen Geschichte? Doch diesmal klappt alles wie am Schnürchen: Der Bus erscheint, ich stürze mich auf die Straße,

baue mich mit ausgebreiteten Armen todesmutig auf, um den Bus zu stoppen, was mir auch tatsächlich gelingt; die Tür öffnet sich, neugierige Augen richten sich auf uns, und wir steigen in den vollbesetzten Bus ein – ohne auch nur ein einziges klagendes Wort darüber zu verlieren, daß wir auf dem Boden Platz nehmen müssen . . .

## Unterwegs im Herzen Chinas

Chongqing? Haben Sie schon einmal etwas von Chongqing gehört? Immerhin ist die Stadt neben Shanghai derzeit die am schnellsten wachsende urbane Ansiedlung Chinas. Sie hat rund 14 Millionen Einwohner, ist ein industrielles Zentrum der Provinz und auf dem besten Weg, zur größten chinesischen Stadt zu werden. Außerhalb des Landes kennt sie kaum jemand, und häufig ist sie auch nur mit drei Millionen Einwohnern verzeichnet, was höchstens dem alten Kern der sich in den letzten Jahren explosionsartig über ihre Grenzen hinaus ausdehnenden Stadt entspricht. Und sie wird weiter wachsen, wenn sich erst einmal von hier bis zum Jangtse-Damm ein Stausee erstreckt.

Mit dem Schiff möchte ich durch die »Drei Schluchten« fahren, die zu den großen Attraktionen Chinas gezählt werden. Da ich noch etwas Zeit habe, bevor mein Dampfer ablegt, gehe ich in ein kleines Restaurant in der Nähe des Chaotianmen-Docks und versuche, einen Tee zu bestellen. Aber auch nach einem dreimonatigen chinesischen Sprachtraining werde ich nicht verstanden, obwohl ich mir einbilde, das einfache Wörtchen »chá« verständlich auszusprechen. Nichts passiert. Die Ursachen des Nichtverstehens können vielfältig sein. Zum Beispiel mein Gesicht: Ich sehe anders aus, als die hiesige Bevölkerung, also kann ich gar nicht zu verstehen sein – egal, was ich sage. Oder die von mir angegebene Menge stimmt nicht: Solange meinem Gegenüber nicht klar ist, in welcher Quantität ich meinen Tee wünsche, wird er so reagieren, als hätte ich gar nichts gesagt. Und dieses Unverständnis wird noch nicht einmal ein Kopfschütteln hervorrufen: Wenn zwei Chinesen einander nicht verstehen, beginnen sie mit ihren Händen Schriftzeichen in die Luft zu malen. Denn so unterschiedlich die Aussprache in den verschiedenen Dialekten auch sein mag – die Schriftzeichen, von denen es in der Volksrepublik China übrigens an die 7000 gibt, bleiben doch immer gleich. Deshalb hat diese Art der Verständigung die Körpersprache weitgehend verdrängt, und deshalb bemühe ich mich vergebens, mit den Händen eine Tasse anzudeuten, aus der ich trinke, und dazu in allen möglichen Betonungen das Wörtchen chá zu wiederholen.

Dann ist es Zeit, an Bord zu gehen. In zwei Tagen und Nächten möchte ich in Yichang sein. Das Dock wird umgebaut; ich folge den anderen Passagieren über Sandhaufen und glitschige Abhänge zu einem auf das Schiff führenden Brett, um eine Kabine zweiter Klasse zu beziehen. Dort angekommen, sehen mich zwei kartenspielende, zigaretten- und stumpenqualmende Chinesen verwundert an – denn in China ist es eher unüblich, Einheimische und Fremde zusammen in einem Raum nächtigen zu lassen. Durch den dichten Qualm meiner Mitreisenden dringt noch ein stechender Geruch an meine Nase, der wohl nur dem feucht-modrigen, mit den verschiedensten Flecken versehenen Teppichboden entweichen kann. Ein großes Fenster gibt den Blick frei auf den Fluß. Die grauen Häuser der Stadt liegen an steilen Hängen über dem Ufer. Wie in allen Großstädten Chinas weichen auch hier allmählich die kleinen Altbauten der verwinkelten Hutongs neuen, gleichförmig errichteten Hochhäusern.

An Bord gibt es noch zwei Zimmer in der ersten Klasse, deren Vorzug vor allem darin besteht, daß dort eine Naßzelle eingebaut ist, aus deren Wasserhähnen braunes Jangtse-Wasser quillt. Der größte Teil der Reisenden liegt jedoch in der sogenannten Decksklasse in großen dunklen Räumen mit Stockbetten, die eher an Sträflingsunterkünfte erinnern als an einen Vergnügungsdampfer. Wer sich woanders als in seinem Zimmer aufhalten möchte, dem bleibt allenfalls die am Bug gelegene Karaokebar oder ein Platz an der Reling, der im sommerlichen Dauerregen allerdings nur sehr wenig einladend anmutet.

Das chinesische Essen ist im allgemeinen ein Genuß. Aber das, was an Bord dieses Ausflugsschiffes aus der Kantine geliefert wird, wäre mit ungenießbar wohl noch eher vorsichtig umschrieben. Hinzu kommt, daß jede Essensportion für die gut zweihundert Passagiere in Styroporschälchen ausgegeben wird, die nach dem Essen einfach über Bord wandern – zu den vielen, vielen anderen Schälchen, die bereits auf dem braunen Wasser des »Langen Flusses« Jangtsekiang treiben. Also schwimmen wir in einer Armada kleiner, lustig auf den Wellen tanzender Styroporschiffchen flußabwärts, auf das immerhin noch rund 2500 Kilometer entfernte Meer zu, während der eher schüchterne Versuch einiger weniger Passagiere, ihre Essensschälchen sozusagen subversiv im Abfalleimer zu entsorgen, vom aufmerksamen Personal sofort vereitelt wird: Hier sorgt man dafür, daß alles seinen geregelten Gang geht – und entsorgt den Inhalt der Abfalleimer ebenfalls über Bord . . .

Der Morgen graut. Es regnet mal wieder, trotzdem ist es heiß – das übliche Sommerwetter in Sichuan, über das sich allein die Bauern im chinesischen Herzland freuen, von deren Ernten sich über 100 Millionen Menschen ernähren. Irgendwann in der Nacht wird der Anker ausgeworfen; am nächsten Tag sollen wir in die Schluchten einlaufen, bereits in der Morgendämmerung. Unverändert gießt es in Strömen, als unser Schiff das »Tor zur Hölle« (Qutang Xia) erreicht, die erste der drei Schluchten. Links und rechts stürzen Wasserfälle von den fast bis auf 80 Meter zusammenrückenden Felswänden. Auch ohne den geplanten Damm ist der Wasserpegel hier enorm hoch und schwankt um bis zu 40 Meter. Die alten Treidelpfade sind allesamt in den braunen Fluten verschwunden, ebenso die Inseln und Felsen, um die die Schiffe normalerweise herumsteuern müssen.

»Es ist leichter, in den Himmel zu gelangen als nach Sichuan«, lautet ein altes Sprichwort. Angesichts der Wassermassen wird die Gefahr deutlich, in der sich die Reisenden hier früher befanden: Lange gab es keinen anderen Weg in das rundherum von Gebirgen eingeschlossene Sichuan als den über den Jangtse.

Weniger wild wirkt die nächste der drei Schluchten, die »Hexenschlucht« (Wu Xia), und fast schon zahm sieht die dritte aus (Xiling Xia), die sich über 80 Kilometer hinzieht, mal steiler und enger oder von Tälern unterbrochen. In einem solchen Tal befindet sich eine der größten Baustellen der Welt: der Jangtse-Staudamm. Seit dem Jahr 1919 gab es bereits die verschiedensten Planungen, von denen keine realisiert wurde. Nun soll der Damm eine Höhe von 185 Metern erreichen und einen 600 Kilometer langen See aufstauen, womit der Jangtse auch für größere Schiffe bis Chongqing schiffbar würde. Man hofft, daß die verheerenden Flutkatastrophen damit der Vergangenheit angehören. Für die gewünschte Stromerzeugung muß das Wasser allerdings auf hohem Niveau gestaut werden, was die Rückhaltekapazität im Flutfall beeinträchtigt. Außerdem verlieren durch den Dammbau mehr als eine Million Menschen ihre Heimat.

Am nächsten Nachmittag fahre ich weiter zum Wulingyuan-Nationalpark. Ein Zug verläßt Yichang täglich in dieser Richtung. Vor mir wartet eine lange Schlange am Schalter. Ich habe nur zwanzig Minuten Zeit, und die verrinnen unbarmherzig. Als ich endlich an der Reihe bin, ignoriert mich die Verkäuferin. Sie weiß offensichtlich nicht, ob sie mir ein Ticket verkaufen darf, ob ich in der offiziellen Währung, den Renminbi Yuan, zahlen darf. Erst als ich energisch den Zugang zum Schalter versperre, reicht sie mir doch noch ein Ticket.

In der sogenannten »Hartsitz-Klasse« ist es dampfend heiß – bei jedem Halt, wenn der kühlende Luftstrom versiegt, brechen Schweißfluten aus allen Poren des Körpers. Die komfortableren Weichsitz-Abteile gibt es auf dieser Strecke nicht, also dampfe ich vor mich hin, bis aus dem Nachbarabteil eine junge Chinesin auftaucht. Zu meiner Überraschung fragt sie mich in ausgezeichnetem Englisch, wohin ich fahre, und es stellt sich heraus, daß wir das gleiche Ziel haben. Erst nach einer Weile verstehe ich, was sie meint, als sie wissen will, ob wir in den nächsten Tage »kooperieren« könnten. Sie studiere Tourismus, erklärt sie, und absolviere gerade in der Begleitung einiger Studenten ein Praktikum als Reiseleiterin. Für mich ist das eine in China seltene Gelegenheit, schnell und problemlos Kontakt zu bekommen.

»My name is Anita«, stellt sie sich vor, aber das ist nicht ihr eigentlicher Name: Hierzulande ist es üblich, sich im Umgang mit Ausländern anglisierte Namen zu geben. Als ich einige Stunden später, um zehn Uhr abends, mit knurrendem Magen die langwierigen Verhandlungen über das Programm der nächsten Tage verfolge, beginne ich meine Kooperationsbereitschaft bereits etwas zu bedauern. Es ist immer noch stickig heiß, während ich mit drei Studenten in einem schäbigen Hotel sitze, in dem »Steven«, unser chinesischer Fremdenführer, sein kleines Büro eingerichtet hat. Auf der anderen Straßenseite winkt die Fassade eines Luxushotels mit kühlen Räumen und allem Komfort – Zimmerpreise ab 400 Yuan. Ich dagegen teile mir mit den Studenten nur ein Zimmer mit Blick auf diesen Luxus – für ein Vierzigstel des Preises.

Früh am nächsten Morgen machen wir uns mit einem Bus auf den Weg. Die Reisegruppe ist nun um acht weitere Chinesen und drei Betreuer auf 15 Personen angeschwollen. Gemeinsam wollen wir durch die Berge des Wulingyuan-Nationalparks laufen. Karstfelsen mit mehreren hundert Metern Höhe und enge Schluchten bilden eine der spektakulärsten Landschaften Chinas, die aber außerhalb des Landes kaum bekannt ist. Früher lag das ganze Gebiet im Ozean, dessen Gezeiten und Strömungen diese bizarre Kulisse erschaffen haben.

Verwundert betrachten meine chinesischen Begleiter in ihren leichten Halbschuhen meine klobigen Wanderschuhe. Wie konnte ich auch nur annehmen, in einem chinesischen Nationalpark auf unbefestigten Wegen zu wandeln? Jeder Meter des Weges ist gepflastert. Treppen aus Naturstein führen die steilen Anstiege hinauf – kaum ein Chinese käme auf die Idee, einen Berg zu besteigen, auf den keine Treppen hinaufführen. Ungläubig schütteln meine Begleiter auch den Kopf, als ich erwähne, daß ich lieber auf unbefestigten Pfaden in den Bergen wandere: Immer wieder weisen sie auf den heldenhaften Einsatz der Arbeiter hin, die all diese Steine die Berge hinaufgeschleppt haben, um uns das Gehen zu erleichtern. Verwundert betrachten sie zudem meine Regenausrüstung: Es regnet doch nicht – jetzt ist Trockenzeit! Tatsächlich: Nur eine Tagesreise südlich des Dauerregens in Sichuan regnet es keinen Tropfen mehr. Weshalb heißt es dann in allen Reiseführern für Südchina unisono, daß es in dieser Zeit ständig regne? Warum wird dieses einsame Sommerhoch zwischen dem Jangtse und Guilin nirgends erwähnt?

In über tausend Meter Höhe ist die Temperatur vergleichsweise angenehm – jedenfalls solange wir im Talgrund und im Schatten der Bäume laufen. Aber dann geht es hinauf auf das Plateau eines Zeugenberges: Stufe um Stufe, ca. 400 Meter. Der Schweiß rinnt unaufhaltsam. Alle paar Minuten wird eine Pause gemacht, bis wir nach einer knappen Stunde endlich oben sind. Hier verändert sich die Landschaft schlagartig: Runde Mittelgebirgshügel und Felder liegen auf dem Rücken des Plateaus. Nur ein paar Meter vom Abgrund entfernt möchte man es nicht für möglich halten, daß man sich auf einer von senkrecht abfallenden Felswänden umgebenen Insel befindet. Irgendwann muß diese Landschaft einsam aus den Fluten des Ozeans herausgeragt haben. Von einer Aussichtsplattform aus wird das unglaubliche Panorama deutlich: Senkrecht ragen einsame Kalksteinnadeln beinahe vierhundert Meter aus dieser Schlucht empor.

Auf der anderen Seite des Plateaus beziehen wir ein Hotel. Vierundzwanzig Stunden lang gebe es hier fließend heißes Wasser, verkündet Steven stolz. Aber einstweilen kommt nicht einmal ein leichtes Tröpfeln aus der Dusche. Und als ich abends als letzter ins Bad gehe, läuft gerade noch 30 Sekunden lang Wasser aus dem Hahn.

Eher geschwächt als gestärkt durch die Wasserreissuppe mit Hefeklößen, die es zum Frühstück gab, geht es am nächsten Morgen wieder steil herunter vom Plateau. Erstaunlich schnell sind wir selbst um diese frühe Morgenstunde schon wieder schweißgebadet.

An einigen Stellen fehlt das Pflaster: Anita unterläßt es freundlicherweise nicht, mich auf diese gefährlichen Stellen hinzuweisen. Mittags werde ich dann offiziell in die Gruppe aufgenommen und bekomme einen chinesischen Namen verliehen, der übersetzt so etwas wie »Berghoch« bedeutet. Damit ändert sich auch die bis dahin eher reservierte Haltung des größten Teils der Gruppe mir gegenüber völlig.

Abends sitzen wir um einen runden Tisch: Gang um Gang wird herangeschleppt und aufgetragen, was der Tisch fassen kann. Es schmeckt köstlich frisch; irritierend finde ich nur, daß das Ganze in einen kulinarischen Wettkampf auszuarten scheint: Wer kann in der kürzesten Zeit das meiste Essen in sich hineinstopfen? Sorgfältig wird gezählt, wie viele Schalen Reis ich schaffe: Es sind fünf – das ist eine passable Leistung und liegt nicht allzu weit hinter der meiner Mitreisenden zurück. Dazu wird immer wieder angestoßen, mit Bier oder Schnaps und dem Zuruf: »ganbei!« – »leeres Glas«.

Am dritten Tag fahren wir wieder hinab nach Dayong. Bei beinahe 40 Grad Celsius scheint die Stadt förmlich zu glühen. Es muß schnell gehen: Auf dem kooperativen Programm steht die Anreise zu einer Rafting-Tour.

Der Zug ist schon eingefahren, als wir den Bahnhof erreichen. Vier Sitzplätze für 15 Personen lassen sich gerade noch auftreiben, also wechseln wir ab, wer darauf sitzen darf – obwohl mich meine Begleiter freundlich dazu nötigen wollen, einen der Plätze ganz für mich zu behalten.

Glücklicherweise müssen wir nur zwei Stunden in diesem schweißtreibend heißen Zug verbringen. Mit einem Boot fahren wir schließlich über einen Stausee zu unserem heutigen Tagesziel und am nächsten Tag weiter im Bus zum Ausgangspunkt der Raftingtour: Es ist Sonntag, Hunderte von Chinesen schlüpfen in rote Schwimmwesten, jeweils zehn werden auf ein Raft gewiesen. »Das beste und gefährlichste Rafting der Welt« sei hier zu finden, verkünden Aufdrucke auf Mützen und Spruchbändern. Sogleich stürzen wir uns erwartungsfroh auf unser Floß und gleiten bald darauf über den gemächlich dahinziehenden Fluß, der für ein Abenteuerspektakel verdächtig wenig Wasser führt. Ohne zu paddeln kommen wir kaum voran, nur hin und wieder beschleunigt uns eine kleine Stromschnelle. Auf dem tiefgrünen Wasser treiben wir durch eine enge Schlucht, deren hohe Seitenwände fast tropisch überwuchert sind, und erleben eine völlig abenteuerfreie, dafür aber wunderschöne Tour.

Das Ende unseres viertägigen Ausflugs nähert sich. Ich bin gespannt, wie ich von hier nach Guilin gelangen werde – Steven wollte alles organisieren. Das sei gar kein Problem, versichert er mir immer wieder, bis ich mich schließlich zusammen mit drei Studenten in einem verlassenen Kaff an einem Bahnhof wiederfinde und erfahren muß, daß unser Zug gerade abgefahren sei: Erst in 24 Stunden soll der nächste kommen. Wir haben uns bereits auf eine Übernachtung eingestellt und ein Zimmer gemietet, als sich herausstellt, daß der angeblich von uns verpaßte Zug in Wirklichkeit erst in drei Stunden abfahren wird. Eine Reservierung im Schlafwagenabteil ist hier nicht möglich, also versuchen wir, wenigstens Sitzplätze für die 27 Stunden dauernde Fahrt zu ergattern. Aber wer sich bereits auf einer Bank ausgestreckt hat, der ignoriert alle stehenden Passagiere – jedenfalls solange diese ihrem Anspruch auf einen Sitzplatz nicht mehr oder weniger handgreiflich Nachdruck verleihen: Das übernehmen meine chinesischen Begleiter für mich. Drei Stunden später müssen sie bereits aussteigen, und sie lassen mich nur ungern

allein zurück, da sie sich um meine Sicherheit sorgen. Zum Abschied geben sie mir noch den zweifellos gut gemeinten Rat, mich auf keinen Fall mit unbekannten Chinesen zu unterhalten . . .

## Die »Wolke am Himmel«

Im Südwesten Chinas liegt Yunnan, eine der abwechslungsreichsten Provinzen des Landes. Die Landschaft variiert zwischen lieblich-subtropisch im Süden und wild-zerklüftet an den Hängen des tibetischen Plateaus. Während die aus einer bunten Völkermischung hervorgegangene, nach der gleichnamigen Dynastie »Han« genannte Mehrheit der Chinesen etwa 93 Prozent der Gesamtbevölkerung ausmacht, verteilen sich die restlichen sieben Prozent auf circa 55 nationale Minderheiten; und rund ein Drittel dieser chinesischen Minoritäten lebt hier auf engem Raum beisammen.

Lijan im Nordwesten Yunnans ist die Hauptstadt der Naxi – ein beschaulicher Ort mit einer gut erhaltenen historischen Altstadt, die erstaunlicherweise noch nicht dem in China grassierenden Bau- und Modernisierungswahn zum Opfer gefallen ist. Nicht weit entfernt liegt die Tigersprungschlucht am Oberlauf des Jangtse; der Bus von Lijan nach Daju soll um acht Uhr fahren. Dank der überall in China geltenden Peking-Zeit ist es noch finster, alle Restaurants sind geschlossen. Lediglich aus einem Haus dringt Licht auf die schummrige Gasse: Hinter der angelehnten Tür werden frische Bao-Tse – gefüllte Hefeteigklöße – und Tee angeboten. Gestärkt beginne ich das Warten auf den Bus. In der Ferne zeigt sich zart die gezackte Silhouette des Yulongshan, des Jade-Drachen-Berges. Unter den Wartenden, deren Gepäck am Rand der Straße aufgestapelt ist, befindet sich auch eine zierliche junge Frau, die sich mir als »Jaqueline« vorstellt und ausgezeichnet Englisch spricht. Sie erklärt mir, daß der Fahrer wohl verschlafen habe, mittlerweile aber geweckt worden sei. Also warten wir alle gemeinsam darauf, daß der Fahrer ausgeschlafen erscheint. Doch nichts rührt sich. Nach einer weiteren Stunde des Wartens erreicht uns die Information, daß der Bus erst noch repariert werden müsse. Schließlich taucht ein Taxi auf, das uns zum Bus transportieren soll, aber angesichts des Gepäckberges eindeutig zu klein ist. Ein Pick-Up transportiert uns und die Gemüsesäcke der Mitreisenden schließlich zum Bus in die Werkstatt. Der Bus ist bereits voll beladen, also wird alles nochmal entladen, umgestapelt und neu aufgeschichtet, bis tatsächlich alles verstaut ist – auch wenn ich meinen Sitzplatz jetzt nur noch durch das Fenster erreichen kann.

Mit zweistündiger Verspätung geht es hinaus in die Berge. Die ersten rund dreißig Kilometer ist die Straße asphaltiert, doch mit dem Beginn der Bergstrecke gibt es nur noch eine Staubpiste, die sich in gewagten Kurven höchst holperig den Berg hinaufzieht. Die Schönheit der Landschaft läßt jedoch bald darauf alle Strapazen der Busreise vergessen: Kleine Anwesen, Felder und Nadelwald mit von langen Moosbärten behangenen Baumriesen liegen am Hang des Jade-Drachen-Berges. Über uns erscheint die lange gezackte Linie des vergletscherten Gipfelgrates und gibt im Profil das Geheimnis seines Namens preis. Stunden später windet sich unser Bus zum tief unter uns liegenden Daju-Tal hinab: Ein grüner Flickenteppich aus Feldern breitet sich im Talkessel aus.

Zhao Xiuyun alias Jaqueline, die sich die ganze Zeit um mich gekümmert hat, reist in ihren Heimatort, weil ihre Schwester in wenigen Tagen heiraten wird. Das sei die erste traditionelle Naxi-Hochzeit seit vielen Jahren, erläutert sie mir und fügt hinzu, ich solle doch auch dorthin kommen, ich sei herzlich eingeladen. Obwohl ich mir gar nicht so sicher bin, ob ihre Familie diese Einladung für eine ebenso gute Idee hält wie sie, sage ich für das Wochenende gerne zu.

Daju ist ein hübscher verschlafener Ort auf dem Land, wie man ihn als Reisender in China leider viel zu selten erlebt, da man meist nur von Großstadt zu Großstadt unterwegs ist und auf dem Land häufig Übernachtungsmöglichkeiten fehlen. Mit seinen weiten staubigen Straßen, die von Holz- und Lehmbauten gesäumt werden, erinnert mich der Ort ein bißchen an »chinesisch-wildwest«. Inzwischen schon ein gewohntes Bild ist der anscheinend unumgängliche Billardtisch auf der Straße. Nein, auch eine Horde Cowboys zu Pferde könnte mich hier nicht wirklich überraschen. Lediglich die glasierten Dachziegel und die geschwungenen Firste weisen darauf hin, daß wir wirklich in China sind

Das erste Haus am Platz, das »Tiger Leaping Gorge Hotel«, ist ein schlichter Holzbau ganz ohne übertriebenen Komfort. Ein Wasserhahn im Hof, aus dem dürftig Wasser tröpfelt, dient als »Bad«, die Toiletten bestehen aus den hier üblichen, ohne irgendeinen Sichtschutz in einer Reihe nebeneinander angeordneten Löchern im Boden. Aber das macht nichts, denn die nette und fröhliche Wirtin, die immer von ihren Kindern umlagert ist, serviert ein ausgezeichnetes Essen.

Von Daju bis zum Eingang zur Schlucht wäre es theoretisch nicht weit. Schon am Ende des Tals ist die Schlucht deutlich zu erkennen. Nur: Der Weg verläuft auf der anderen Seite des tief in den Talgrund eingeschnittenen Jangtse. Irgendwo soll es eine Fähre zur anderen Flußseite geben, und um diese zu finden, hat mir die Wirtin eigens eine Karte gezeichnet: zwei Wege, ein kaputter Traktor auf einem Feld – das sieht alles ganz einfach aus, aber in der Praxis beginnen die Probleme schon damit, daß Daju doch aus mehr als zwei Straßen besteht, die noch dazu nicht im geringsten rechtwinkelig zueinander verlaufen. Also habe ich schon Schwierigkeiten, den Ort auch nur in der richtigen Richtung zu verlassen. Immerhin finde ich einen alten Traktor – erst bei meiner Rückkehr werde ich feststellen, daß dies keineswegs der einzige ist, der in und um den Ort abgestellt wurde.

Von einem Weg zum Fluß hinab keine Spur: Mühsam klettere ich die Schlucht entlang, bis ich nach zwei Stunden endlich vor einem schmalen Trampelpfad stehe, der tatsächlich hinabführt. Unten liegt auch wirklich ein Fährboot bereit: Einige mit Säcken beladene Esel warten schon darauf, an Bord gebracht zu werden; ein Stier wehrt sich gerade, über die Planke zu gehen.

Andere Reisende haben mich davor gewarnt, daß der Fährmann von Ausländern zu viel Geld verlangen und sich auf diese Weise eine goldene Nase verdienen würde. Ein Yuan und nicht mehr, meinten sie, sei die korrekte Rate. Also frage ich den Fährmann nach seinem Preis: »Zehn Yuan«, lautet die Antwort. – »Sehr teuer!« sage ich in meinem besten Chinesisch. Er versteht mich sofort, grinst und erwidert: »Nicht teuer.« Damit sind die Verhandlungen bereits abgeschlossen. Ich drücke ihm zehn Yuan in die Hand und wünsche ihm meinerseits grinsend, daß er zehn-Yuan-weise zu unermeßlichem Reichtum gelangen möge . . .

Jenseits des Flusses verläuft der aus dem Felsen geschlagene Pfad entlang des Ufers, bis er sich in steilen Serpentinen nach oben windet. Im nächsten Ort lädt ein englisches »Come in« zur Einkehr in einen Bauernhof mit Nebenerwerbs-Gaststätte. Unter der hölzernen Balustrade steht eine einfache Sitzgruppe, gegenüber befindet sich der offene Viehstall mit kleinen Ferkeln. Ich frage auf Chinesisch nach einer Nudelsuppe und werde glücklicherweise sogar verstanden. Der Junge, der als einziger anwesend ist, verschwindet in einem dunklen Verschlag und beginnt Nudelteig zu rollen: Was ich dann bekomme, läßt allerdings den Schluß zu, daß er vielleicht doch nicht der etatmäßige Koch ist . . .

Die Schlucht beginnt mit einem hoch über dem Fluß in die Felswand gehauenen Pfad, immer an der Wand entlang und gerade breit genug, daß man nicht abstürzt. Wegen des möglichen Steinschlags ist er durchaus nicht ungefährlich, aber diese engen und felsigen Passagen sind eher die Ausnahme: Meist führt der Weg geruhsam durch eine schöne Landschaft, die weniger an eine Schlucht als an ein Tal mit steil abfallenden Felshängen erinnert. In der Mitte der rund sechzehn Kilometer langen Strecke liegt ein kleiner Ort über terrassierten Feldern mit einigen Unterkünften – das ist der ideale Platz, um einige Tage in den Bergen zu verbringen.

Zurück in Daju bin ich schon sehr gespannt auf die traditionelle Hochzeit. Freudig werde ich von Zhao Xiuyun empfangen, und nun erfahre ich auch, daß ihr Name übertragen »Wolke am Himmel« bedeutet. Drei Schwestern hat Zhao. Die beiden ältesten sind bereits verheiratet, die jüngste heiratet heute. Nur Zhao will noch nicht heiraten. Sie ist in der Stadt in einem Museum beschäftigt, erklärt sie mir und meint, das sei eine gute Arbeit – es gibt also gar keinen Grund, übereilt zu heiraten. Essen wird aufgetischt. Die Schwestern tragen rote Kostüme, die Männer Anzüge – lediglich die älteren Frauen sind in der traditionellen Naxitracht gekleidet.

Die Feier besteht im wesentlichen aus einer fortgesetzten Folge von Speisen. Zwei Männer reden laut auf mich ein. »Wolke am Himmel« meint, ich solle sie einfach ignorieren, sie seien betrunken. Ich versuche mein bestes, aber jemanden zu ignorieren, der wild mit den Armen fuchtelnd auf einen einredet, ist nicht ganz einfach. Gegen Abend werden die Tische beiseite geräumt, und der Hof wird gekehrt, um eine Tanzfläche freizumachen. Ein einsamer Flötist spielt auf, und in einer langen Kette bewegen sich die Tanzenden mit ineinander verhakten Armen im Kreis herum. Die Schritte sind nicht allzu kompliziert, so daß ich mich leicht einreihen kann. Nur bei den Rythmuswechseln komme ich aus dem Takt, worauf man freundlich zu mir sagt, »just listen to the music«.Vielleicht ist das ja zugleich auch eine perfekte Anleitung für das Reisen in China: einfach auf die Musik achten und im Rhythmus mitbewegen . . . – was soll's, wenn mal einige Schritte daneben gehen; nur nicht aufgeben und weiterprobieren. Der Spaß kommt dann ganz von allein.

Kay Maeritz

Chinesischer Lebensstil findet weltweit immer mehr Anhänger, ob in der Mode, Kunst, Philosophie oder Küche

Xi´an · Chinesische Schriftzeichen als Schmuckelemente in der Grossen Moschee; die Kalligraphie wird in China auch als Kunstform geübt

Guangxi · Schulende in der Vorschule

**Guangxi** · Kinder im Schulhof beim Fahnenappell

Karakul See · Bizarres Boot auf dem 3700 Meter hoch gelegenen See in der Provinz Xinjiang vor der Kulisse des Kongurmassivs

# Peking und der Norden

Peking oder Bejing, die nördliche Hauptstadt, verdankt ihre Position als Machtzentrum vor allem der ständigen Bedrohung aus dem Norden. China ist traditionell zweigespalten, in das Gelbe China im Norden und in das über das Meer schauende Blaue China im Süden. In den Lößebenen des Nordens entstand das erste chinesische Kaiserreich (221–206 v. u. Z.), das vom heutigen Xi'an aus regiert wurde. Vom Löß hat der Gelbe Fluß, die Lebensader des Nordens, seine Farbe. Im Löß grub sich Mao, der »rote Kaiser« Chinas, bei seinem Kampf gegen die japanische Besatzung ein, und aus den Lößhöhlen heraus führte er dann auch die Revolution zum Sieg.

Als die Mongolen weite Teile des Nordens überrannten, befand sich das damalige Machtzentrum noch am Jangtse; erst nachdem die Mongolen zurückgedrängt wurden, wechselte der Kaiserhof ins nördliche Peking, um der Gefahr schneller begegnen zu können. Dort manifestierte sich anschließend in der legendären »Verbotenen Stadt« die ganze Machtfülle der chinesischen Kaiser.

Mit dem Bau der Grossen Mauer wurde schon zwischen dem 8. und 5. Jh. v. u. Z. begonnen: »China war das, was existierte, was Bedeutung hatte. Ausserhalb Chinas war nichts, existierte nichts und nichts hatte Bedeutung.« (Alberto Moravia)

世
人民大团结万

**Peking, Platz des Himmlischen Friedens** · Der rund 40 Hektar grosse, im Jahr 1651 angelegte und 1958 erweiterte Platz ist der geographische, historische und kulturelle Mittelpunkt der Stadt – ein steingewordenes Mahnmal pompös inszenierter Macht: »Wir müssen unseren Entschluss beharrlich in die Tat umsetzen, wir müssen unermüdlich arbeiten, und wir werden die Gottheit ebenfalls rühren; und diese Gottheit ist niemand anderer als die Volksmassen Chinas.« (Mao Zedong)

Peking · Ob Sommer oder Winter, immer spielt sich auch viel Leben auf offener Strasse ab

Peking · In den engen Gassen der alten Wohnviertel (Hutongs)

**Peking** · Tempel sind im kommunistischen China mehr Museum und Freizeiteinrichtungen als Stätte der Besinnung

Quingdao · Einkaufszentrum am Bahnhof (Provinz Shandong)

**Quingdao** · »Man muss wirken auf das, was noch nicht da ist.« (Laotse)

# Rund um Shanghai

Shanghai ist das wirtschaftliche Kraftzentrum Chinas. Unbeschwert von alter Tradition entwickelt sich die junge Stadt stürmisch weiter. Jenseits der Uferpromenade mit ihren Kolonialfassaden liegt die Sonderwirtschaftzone Pudong, die größte Baustelle der Welt: Rund um die Uhr wird dort an bis zu einhundert Hochhäusern gleichzeitig gebaut.

Wörtlich übersetzt heißt Shanghai »über dem Meer«: Die Stadt profitiert von ihrer Lage an der Mündung des Jangtse, des drittlängsten Flusses der Welt, und von ihrem Überseehafen. Zwischen Shanghai und dem ehemals beschaulichen Kaiserkanal entstand ein Gebiet, in das internationale Konzerne enorme Summen investieren, um bei der Öffnung des größten Marktes der Welt dabei zu sein. Entsprechend schnell verläuft hier der Wandel vom bäuerlich-flachen Land zu Industrie- und Reihenhaussiedlungen. Wo vor kurzem auf dem Kaiserkanal noch Kohl und Reis transportiert wurden, befördern heute Tausende von Lastkähnen Kohle und Industriegüter.

上海華联商厦股份有限公司
SHANGHAI HUA LIAN CO.,LTD.

**Shanghai** · Das im Art-Déco Stil errichtete Peace Hotel ist ein Überbleibsel der Kolonialzeit. In der Bar spielt jeden zweiten Abend die »Old Times Jazz Band«, die schon in den fünfziger Jahren hier musizierte und dann für zwanzig Jahre in Arbeitslagern verschwand. Erst die Öffnung unter Deng Ende der siebziger Jahre brachte ihnen, wie vielen anderen Künstlern auch, die Freiheit zurück.

Shanghai · Rund um Shanghai hat sich ein enormer Teil der Industrie Chinas angesiedelt, wie hier das Volkswagenwerk

Shanghai, Hafen/Pudong · Während sich die Regionen am Meer rasant entwickeln, liegt Chinas Landesinnere wirtschaftlich noch in tiefem Schlaf

Shanghai · Tauben füttern im Park, dahinter die Silhouette aus Wolkenkratzern.
Kein Ort Asiens wächst stürmischer in die Höhe.
**Rechte Seite:** Nanjing Lu ist die Haupteinkaufsstrasse der Metropole.

代的选择
PEPSI-COLA
杏花楼集团
PIANO BAR KTV
日本料理

**SUZHOU** · Dank des ausgedehnten Kanalnetzes hat die Stadt in der Provinz Jiangsu einen ganz eigenen Charakter. Wer die romantischen Seiten des Kaiserkanals erleben will, muss in einen der ungezählten Seitenarme abbiegen, die das Hinterland von Shanghai erschliessen.

古蹟重湖山歷數名賢最難忘白傳留詩蘇公

**Hangzhou** · Das prächtige Kloster der Verborgenen Unsterblichen aus dem Jahr 326 v. u. Z., Lingyin Si in der Hauptstadt der provinz Zhejiang, überstand als eines der wenigen Klöster in China unbeschadet die Kulturrevolution (1966)

HANGZHOU · WÄCHTERFIGUR IM KLOSTER LINGYIN SI

HANGZHOU · IM KLOSTER LINGYIN SI

HUANGZHOU · TROTZ LEICHTEM FROST FINDEN SICH AUCH IM DEZEMBER ZUM SONNENAUFGANG VIELE MENSCHEN AM UFER DES WEST-SEES EIN

Standardtänze, die überall in den Parks mit Begeisterung geübt werden, laufen mittlerweile dem traditionellen Tai Chi Chuan den Rang ab

**Yixing** · In der kleinen Stadt am Taihu See, in der Provinz Jiangsu, gibt es viele Töpfereien, in denen in Handarbeit wunderbare Töpferwaren hergestellt werden

# Chinas Süden

Vielfältig-bunt, lebendig und landschaftlich aufregend – so präsentiert sich der Süden Chinas. Von subtropischen Zonen bis zu eisigen Höhen, von verschlafenen Gebirgsnestern bis zu den Hochhauskulissen Hongkongs und Kantons reicht die Palette. Neben der fantastischen Karstlandschaft von Guilin ist vor allem die von zahlreichen Minoritäten bevölkerte Provinz Yunnan eine touristische Attraktion: abwechslungsreich und ursprünglich wie kaum eine andere Gegend Chinas, ein wahrer Schmelztiegel der unterschiedlichsten kulturellen Einflüsse. Dazu gehören auch die zahlreichen Taivölker im Süden und tibetische Gruppen im Westen von Yunnan. Sichuan im Herzen Chinas ist mit über einhundert Millionen Einwohnern die größte chinesische Provinz. Alle südwestlichen Provinzen sind wegen ihrer Gebirgsstruktur schwer zu erschließen; aufgrund der fehlenden Infrastruktur bekommt das Reisen hier immer noch abenteuerliche Züge.

Unweit der boomenden Wirtschaftssonderzonen am Südchinesischen Meer liegen einige der ärmsten Regionen Chinas: Nirgendwo sonst wird das unterschiedliche Lebenstempo in den chinesischen Regionen deutlicher als hier, nirgendwo sonst auch ist das ökonomische Gefälle so augenscheinlich wie hier.

GUILIN · DANK DER IN DEN MEISTEN REGIONEN CHINAS VERFOLGTEN EIN-KIND-POLITIK WACHSEN DIE KINDER WIE KLEINE KÖNIGE HERAN

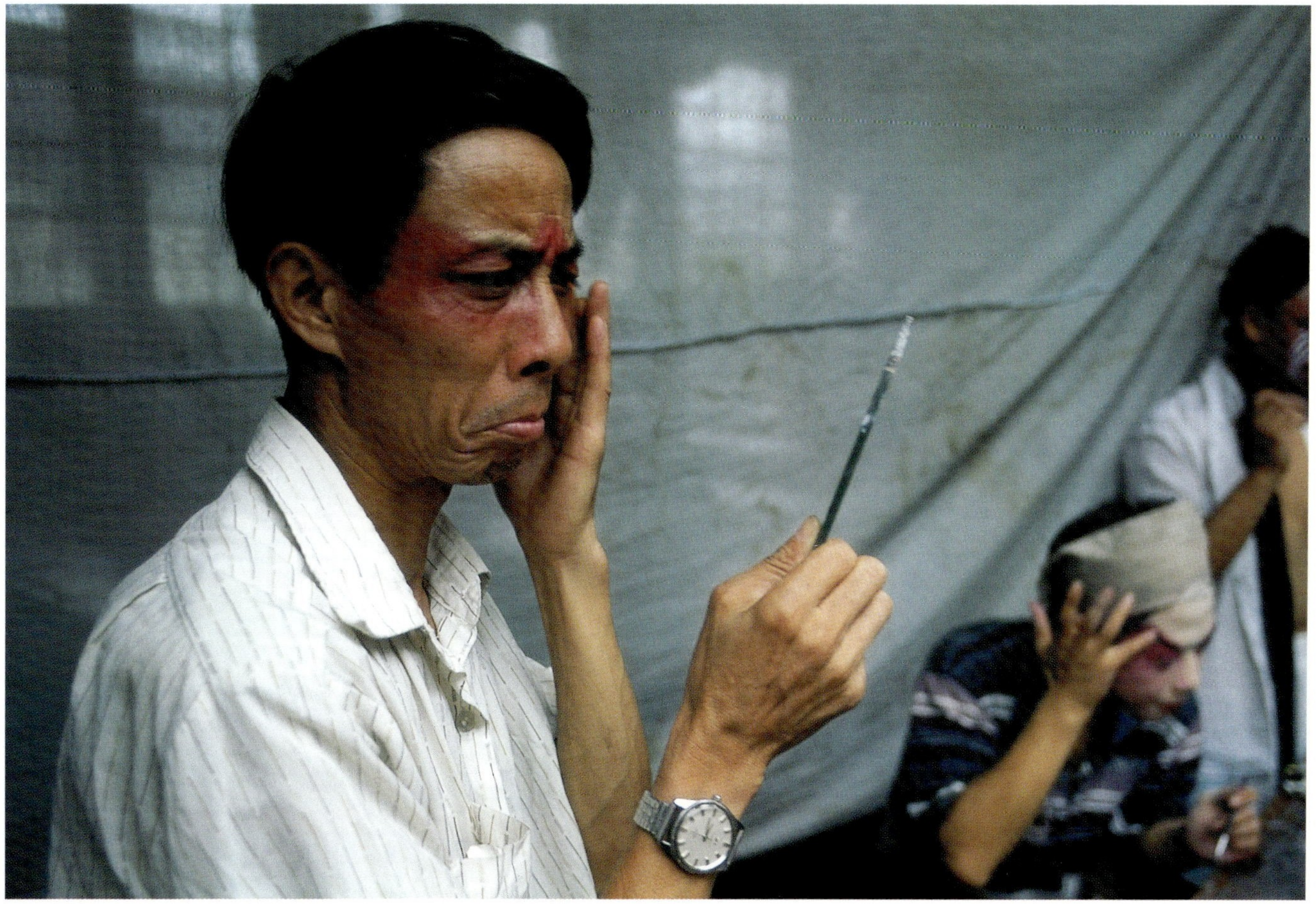

Chengdu · Schminken für den Auftritt in der chinesischen Oper

CHENGDU · MITTAGSRUHE AUF EINEM GEMÜSEMARKT IN DER HAUPTSTADT DER PROVINZ SICHUAN

Chengdu · Sichuan ist eine fruchtbare Region, aber auch eine der am dichtesten besiedelten Provinzen der Welt

»Die Zutaten sind wie die Kleider und der Schmuck einer schönen Frau«:
Die meisten chinesischen Gerichte werden nicht vorgekocht, sondern ad hoc zubereitet. An den Koch stellt diese schnelle, hitzeintensive Zubereitungsweise hohe Anforderungen – er braucht Geschick, Augenmass und Reaktionsvermögen. Und wenn seine Gäste dann die Suppe oder den Tee geräuschvoll schlürfen, die Nudeln verschlingen und zufrieden rülpsen (was jeweils als anerkennende Geste gilt), weiss der Koch, dass seine Leistung auch entsprechend gewürdigt wurde . . .

Drei Schluchten des Jangtsekiang · Bei Hochwasser kann der Fluss in den Schluchten bis zu fünfzig Meter ansteigen

Drei Schluchten des Jangtsekiang · Bei Hochwasser kann der Fluss in den Schluchten bis zu fünfzig Meter ansteigen

Guilin · Fantastische Felsformationen machten die Landschaft rund um die Stadt am Lijiang-Fluss in der autonomen Region Guangxi weltberühmt

农业综合开发

Von Guilin nach Jangshuo · Mehr als 83 Kilometer schlängelt sich der Lijiang durch eine faszinierende Landschaft

Morgenstimmung in Yangshuo · An der Anlegestelle gibt es einen Markt für kunsthandwerkliche Gegenstände

**Guilin (links), Yangshuo (rechts)** · »In meinem überquellenden Herzen bilden sich die Berge der Wolken, und auf Vögel, heimwärts schwingend, trifft mein suchender Blick. Einmal, als ich den höchsten Gipfel erklommen, und ich schaute umher – schrumpften drunt' die Berge.«
Du Fu (712-770)

**Hongkong · Der »duftende Hafen« (»Hong Kong«) ist auch nach der Rückgabe der einstigen britischen Kolonie im Sommer 1997 eine laute, hektische, vielfältig beeindruckende Stadt**

»Der grosse Bruder China und Hongkong: Das waren jahrzehntelang bitterböse Gegensätze, begründet auf den diametral entgegengesetzten Gesellschaftssystemen. Aber die Menschen hier wie da sind Chinesen. Und dies sind sie in erster Linie . . .« Klaus A. Dietsch

Yin und yang: Im Zentrum des chinesischen Weltbildes steht die Idee eines Universums aus verschiedenen, im Gleichgewicht befindlichen Elementen – Anfang und Ende, Kind und Greis, Frau und Mann, Tag und Nacht, Licht und schatten, Himmel und Erde, Leben und Tod . . . Ursache und Wirkung sollten auch bei der Regierungskunst im Einklang sein: »Wenn man durch Erlasse leitet und durch Strafen ordnet, so weicht das Volk aus und hat kein Gewissen. Wenn man durch die Kraft des Wesens leitet und durch Sitte ordnet, so hat das Volk Gewissen und errreicht (das Gute).«
Konfuzius (551–479 v. u. Z.)

DAJU · IM NORDOSTEN DER PROVINZ YUNNAN LEBEN DIE NAXI IN EINEM LANDSCHAFTLICH SPEKTAKULÄREN GEBIET. DAJU LIEGT AM UNTEREN AUSGANG DER TIGERSPRUNGSCHLUCHT, EINER DER TIEFSTEN SCHLUCHTEN DER ERDE.

# Tibetisches Intermezzo

Das sogenannte »Dach der Welt« gehört zu den wenigen geheimnisumwitterten Regionen, die Anfang dieses Jahrhunderts noch verblieben waren. Über zweieinhalb Millionen Quadratkilometer hinweg erstreckt sich der tibetische Kulturraum – die heutige Autonome Provinz Tibet umfaßt nicht einmal mehr die Hälfte des einstigen Gebietes. Und so leben denn auch weniger als die Hälfte der Tibeter in dem Gebiet, das heute als »Tibet« bezeichnet wird. Auch in den Provinzen Yunnan, Sichuan, Gansu und Qinghai findet man tibetische Kultur. In der Nähe der Provinzhauptstädte Xining und Lanzhou liegen zwei der wichtigsten tibetisch-buddhistischen Klöster, und von Chengdu aus muß man nur zweihundert Kilometer westwärts fahren, um in den tibetischen Kulturraum zu gelangen.

Nach den Zerstörungen der Kulturrevolution wurden viele große Klosteranlagen neu errichtet, meist in den alten Ausmaßen. Und während die Reisebestimmungen für die Autonome Provinz Tibet ständig wechseln, gibt es hier kaum Beschränkungen.

TUNGREN · IN DEM WEITGEHEND UNBEKANNTEN ORT IN DER PROVINZ QUINGHAI IST IN DEN LETZTEN JAHREN DAS GROSSE TIBETISCHE KLOSTER WIEDER AUFGEBAUT WORDEN

Tibetische Gesichter: in der Markthalle in Xining, rechts auf dem Weg zum Kuku Nor

Taer'se · Kumbum (1560–1577) in der Provinz Qinghai ist eines der wichtigsten Klöster der Gelugpa und auch eines der wenigen, die der Zerstörung entgingen. In dieser insgesamt 400 000 Quadratmeter grossen Klosteranlage wurde der vierzehnte Dalai Lama auf sein Amt vorbereitet, nachdem er in der Nähe des Kuku Nor entdeckt worden war.

风味

**Zoige** · Auf den fruchtbaren Hochweiden in der Provinz Sichuan leben tibetische Familien mit ihren grossen Yakherden. Den Sommer verbringen sie in Zelten auf den Weiden.

**Xiahe** · Das Kloster Labrang in der Provinz Gansu ist eines der sechs wichtigsten Klöster der Gelugpa-Sekte. Lediglich vier der sechs grossen Klöster befinden sich innerhalb der Grenzen der heutigen Provinz Tibet. Der tibetische Kulturraum umfasst auch die Provinz Qinghai und Teile von Gansu, Sichuan und Yunnan. Im Kloster Labrang, um das Jahr 1710 gegründet, lebten einst zwischen drei- und viertausend Mönche. Während der Kulturrevolution wurde es praktisch vollständig zerstört, mittlerweile aber wieder im alten Umfang aufgebaut.

Langmusi · In diesem kleinen Örtchen in der Provinz Gansu – direkt an der Grenze zu Sichuan gelegen – gibt es beiderseits der Landesgrenze zwei grosse tibetische Klosteranlagen. Über Nachwuchsmangel braucht man sich hier nicht zu beschweren: Wenn die politische Situation es zulässt, drängen die Tibeter in die Klöster, wo sie eine (mit einer Internatsschule vergleichbare) Ausbildung machen. Erst danach müssen sie sich entscheiden, ob sie Mönche werden wollen oder zu ihren Familien zurückkehren.

# Chinas wilder Westen

Durch die heutige Provinz Gansu und die autonome Region Xinjiang verlief einst eine der bedeutendsten Handelsrouten der Geschichte: die Seidenstraße. Monate vergingen, bis die Karawanen von der alten Kaiserstadt Xi'an aus Kashgar erreichten; inzwischen die westlichste Großstadt Chinas.

Zwischen dem tibetischen Hochplateau im Süden und den nördlichen Wüstenlandschaften waren die Lebensgrundlagen für die hier lebenden Turkvölker – Uiguren, Kasachen und Kirgisen – immer stark reduziert. Die Menschen in den Oasen der Taklamakan-Wüste verdanken ihr Überleben den Flüssen und Schmelzwassern der sie umgebenden Gebirgsketten.

Wie ferne Sinnestäuschungen überragen die Schneegipfel von Tian Shan, Pamir und Kunlun Shan das Wüstenbecken. Wo heute der Islam tief verwurzelt ist, lag bis ins zwölfte Jahrhundert ein buddhistisches Reich, dessen zerfallende Lehmmauern und Höhlentempel noch an einigen Stellen zu finden sind. Vor allem im ländlichen Raum, in den Oasen und Bergdörfern an den Gebirgshängen, fühlt man sich wie in einer anderen Welt: Geheimnisvolles China.

**Karakul See** · Der Karakul See in der Provinz Xinjiang liegt in einer der schönsten Landschaften Chinas, umgeben von den spektakulären Eisriesen des Pamir. Vorbei an einer Plastikblume geht der Blick vom Esstisch eines einsamen Hotels zum Mustagh-ata.

Pamir · Die Almhütte am Fuss des Mustagh-ata wird nur in den Sommermonaten bewohnt

**Pamir** · Zu Gast bei einer kirgisischen Schäfer-Familie: die Befangenheit weicht nur langsam. Fremde verirren sich höchst selten hierher.

**Pamir** · Pferde weiden am Karakul See vor der grandiosen Kulisse des Mustagh-ata

**Kashgar** · Anders als viele andere grosse Städte bewahrte sich Kashgar in der Provinz Xinjiang noch einiges von seinem ursprünglichen Flair

清真

Kashgar · Restaurant am Sonntagsmarkt

Kashgar · Der Sonntagsmarkt erstreckt sich über ein riesiges Areal vor den Toren der Stadt

In der Provinz Xinjiang · Die Menschen im Westen Chinas zählen zu den Turkvölkern

**Dunhuang** · Die Taklamakan erstreckt sich über ein riesiges Becken, doch Dünen sind die Ausnahme in dieser Wüste (Provinz Gansu)

Eine Produktion des Bruckmann-Teams, München
Konzeption (verantwortlich), Lektorat und Bildredaktion: Robert Fischer
Gestaltung: Kay Maeritz
Layoutrealisation und DTP-Produktion: Bettina Schippel
Kartografie: Theiss Heidolph, Eching

Literatur- und Quellennachweis:
Marco Polo, »Il Milione. Die Wunder der Welt«, aus altfranzösischen und lateinischen Quellen übersetzt von Elise Guignard, Zürich 1983
Diverse, »China« (Baedeker), Ostfildern 1996
Fritz Dressler u. a., »China«, München 1995
Abbildung S. 6: Archiv Verlag C. J. Bucher

Alle Angaben dieses Werkes wurden vom Autor sorgfältig recherchiert und auf den aktuellen Stand gebracht sowie vom Verlag auf Stimmigkeit geprüft. Für die Richtigkeit der Angaben kann jedoch keine Haftung übernommen werden. Für Hinweise und Anregungen sind wir jederzeit dankbar. Bitte richten Sie diese an den Bruckmann Verlag, Lektorat, Nymphenburger Straße 86, 80636 München.

Gedruckt auf chlorfrei gebleichtem Papier

Die Deutsche Bibliothek – CIP-Einheitsaufnahme
**Maeritz, Kay:**
Geheimnisvolles China / Kay Maeritz. – München, Bruckmann, 1999
ISBN 3-7654-3344-6

Gesamtverzeichnis gratis:
Bruckmann Verlag, Nymphenburger Straße 86, 80636 München
Internet: www.bruckmann.de

© 1999 Bruckmann Verlag GmbH, München
Alle Rechte vorbehalten
Printed in Germany
ISBN 3-7654-3344-6